허공만리

이문길 시집

시인의 말

다시 마지막 시집을 낸다
시 같은 게 없어
미안하고 부끄럽다

시 작

산

세상에는
한평생 하늘만 바라보고 사는
산이 있고

보고도 자는 척하며
안 자는 산도 있고

해 뜨고 져도
하루 종일 자는 산도 있고

한평생 자는 산도 있고

옛날

옛날 옛적에
우리는 불장난하고 난 뒤에
불 끈다고 오줌을 누었다

그때 하얀 고추들이
잊히지 않는다

우리가 불 다 꺼놓고 나면
빤스도 입지 않은 여자 아이들이 와서
치마를 내리고 오줌을 누고
도망을 갔다

우리는 다 꺼진 불을
발로 찼다

그때 그 여자 아이들이
어디서 똥을 싸놓고
갔는지 알 수가 없다

허공만리

한 걸음에 천리

아마 개미가 보면
내 한 걸음이
천리를 가는 것 같을 것이다

나는 모르고 있었다
그리고 보면
나는 매일 허공만리 길을
간 것이다

산

산도 그늘이 지니
산이 어른 같아 보인다

해 질 때 우는 산새 소리도
어른 소리 같이 들린다

까치

오늘 아침 뒷문 밖 공원에
까치가 쇠 주걱으로 쇠솥을
긁는 소리를 낸다

긁어도 누룽지 없다고
성내어 쇳소리를 낸다

도둑이 들었나 보다
세상 살기 어렵나 보다

아니면 세월이 어디 가고 없어
쇳소리로 우는가 보다

이렇게 편히

내 묘비명에
이렇게 다시 고쳐 쓰려고 한다

'아아, 알고 보니
이 적막도 주인이 있어
내 것이 아니고 하늘의 것이구나'를

'불 하나 꺼 놓으면
이리 편히 쉴 수 있는 것을' 이라고

생과 무생

생은 어디서 오고
아직 안 온 무생은 어디에 있는 것인가

생은 말없는 곳에 있다가
말하는 곳에 왔다고 말하는 것인가

생과 무생은 어찌해서
서로 탓하지 아니하고
가면 오고 오면 가는 것인가

생명 없는 곳에 생명이 안 와서
생명이 오는 것인가
그래서 무생은 말 안 하는 것인가

우리는 거기 어디에
있다가 온 것인가
삶과 죽음은 평등한 것인가

하늘은 생인가
무생인가
하늘의 해는 왜 무생인가

어떻게 알겠는가
내가 왜 살고 있는가를
어떻게 알겠는가 내가 저 무생에서
탄생한 것을

어떻게 알겠는가
나는 무생에서 왔기에
와서도 생을 모르고 산다

구름

청산아, 나 가는구나
흙 산아, 나 가는구나

누가 있노

화가 성기열 선생님이
내 시를 보고 소식을 전해왔다

이문길 시인님
멋집니다
참 잘
사십니다

파이팅입니다
하늘이 내린
이문길입니다

나는 이 글을 읽다가
이렇게 탄식했다

하늘이 안 낸 사람
누가 있노

마이산

마이산이
전북 진안에 있다는 것을
연속극을 보다가 알았다

나는 마이산이 남쪽 산골짝
바닷가에 있는 줄 알았다
나는 전라북도가
어디 있는 줄도 몰랐다

옛날 어느 날 새벽에 마이산 구경 간다고
아내와 둘이 가다가
고령 커다란 고분 곁에서
라면을 끓여 먹은 기억이 난다

마이산은 말 귀 같은 곳에
자갈돌과 조개껍데기 같은 것이 박혀 있어서
나는 마이산이 옛날 바닷물 속에
잠겨 있었던 것을 알 수 있었다

아내는 말 귀를 보면서도
그것을 몰랐다

그 후 딸아이들이 클 때마다
나는 진해 벚꽃 구경시킨다고
멀리 마이산을 지나갔다
그리고 한밤중에 캄캄한 화왕산 아래를 지나
집에 왔다

마이산 생각하면 아내와 마이산 아래에서
장만해 간 고기찌개를 끓여 먹던 기억이 난다
그때 불 안 낸 것이 다행이라고
지금도 생각한다

섬

어쩌다 섬이 되었는가
하루 종일 우는 섬

어쩌다 가는 길 잊었는가
하루 종일 우는 섬

봄

겨울 구름 눈이 되어
산에 다 내리고

남은 구름
지붕 위에 흐려져 있네

또 한 해가 가버렸네
세월은 공산 꼭대기
어디에서 쉬는가

봄이 왔네

섬

섬이 육지 같을 때가 있다

떠내려가다가 안 가고 있는
육지 같을 때가 있다

섬이 육지인 줄 알고
살러 오는 사람들
살다 가는 사람들

바다에 가보면 있다 아직
섬이 육지인 줄 알고
사는 사람들

산

우리 집 뒤에는
버려져 있는 산이 있다

그 산 위에서 보면
멀리 버려져 있는 산이 보이고
그 산 넘어 버려져 있는 산
다시 그 산 넘어 버려져 있는 산

그 산 사이로 사람이 살고 있다
누가 사는지 알 수가 없다

우리 집 뒤안에도
누군가 버려두고 간 산이 있다
옛날 사람이 신었던
헌 짚신 같은 산이다

그림자

잠 깨었는가
일요일 아침 햇빛 밝은 아파트 흰 벽에
길 건너 산에서 우는 새소리 들린다

토요일 밤늦게까지 불 켜져 있던 집들
새벽에야 불 다 꺼진
저승 같은 아파트

아직 자는가
흰 벽에
새 그림자 하나 지나간다

금

부처를 볼 때마다
한심한 생각이 든다

왜 금으로 칠하고
앉았는지

누가 할 일이 없어
금으로 칠하는지

이승은 금으로 괴로운데
부처가 왜 금으로 칠하고 앉았는지
알 수가 없다

요괴

나는 가끔 이렇게
생각할 때가 있다

어떻게 알 속에서 나온
박혁거세가 사람이 되어 왕이 되고
연못 지렁이와 밤에 자고
그 아들이 장수가 되었는지

그리고 또 있다 궁금하다
성령으로 잉태되어도
사람이 되는지

나는 이제 여자 유전자를
한번 검사해 볼 때가
되었다고 생각한다

나는 요사이 여자를 보면
왜 자꾸 요괴같이 보이는지 모르겠다

거울

밤에 불 안 켜고
거울을 보다 알았다

캄캄한 곳에
희미하지만 아직 남아 있는 나

언젠가는 밝다가 어두워지는 날이 와
불 안 켜고 보다가
불 켜지면 안 보이는 나

아무리 보려 해도
날이 밝으면 안 보이는 나

그리고 있으리라
날이 밝아도 나도 자고 세상도 자는 날

잠 깨지 않고
세상이 자는 날

당산나무

미술 선생님이
사생 시간에 내가 그리는 고목나무를 보고
놀라면서 말했다
미술부로 오너라

나는 그때 시 쓰는 문예반에 있어
대답을 하지 못했다

선생님은 아이들이 모두 당산나무를
나무 작대기같이 그렸으나
나는 고목나무의 옛날 상처 가지가 잘리고
남은 괭이 흉터를 그렸다

선생님이 한 바퀴 돌아보시고 내게 물었다
나무 하나 그린 다음
남은 곳에 무엇을 그리겠느냐고 물어
나는 대답을 하지 못했다

선생님이 말씀하셨다
아무것도 그리지 말고 빈 풀밭을 그대로 두어라
아 아 그것이 내 시 쓰는 데
평생 도움이 될 줄은 그때 알지 못했다

나는 대륜고등학교 담 곁
초가 마을 앞에 있던 그 당산나무를
잊을 수가 없다

산꼭대기 나무들

해 뜨면 보인다
산꼭대기에 서 있는 나무들

산에 가면 있다
산속에서 자는 줄 모르고
잠든 사람들

해 뜨면 보인다
누군가 왔다가 가버리고 없어
산 넘어 산을 바라보고 있는 나무들

산꼭대기 나무들

근린공원

근린공원 비탈길에
못 보았던 폐묏자리 하나 있네

묘석 흩어져 있고
구덩이에 나무 자라 서 있네
그냥 두었으면
공원이 더 아름다웠을 것을

폐석 위에 앉아 있으니
푸른 나뭇잎 사이로
흰 구름 한 조각 흘러가네

……

달력을 보니
별의 별 날이 다 있다

어버이날 어린이날
북한 주민 이탈의 날, 푸른 하늘의 날……

왜 이런 날은 없는지 모르겠다
과부 홀애비의 날, 부부 싸우는 날
보리타작하고도 같이 사는 날

그리고 또 있다
결혼하고도 또 하는 날
종교 믿어도 천당 극락 못 가는 날

그리고 또 있다
기다려도 아무도 안 와 생명이 쉬는 날
나 같이 사는 것이 싫은 날
밥 먹기 싫은 날

또 있다
누군가 잊어야 하는데 잊히지 않는 날
문 닫고 봉창으로 세상을 내다보는 날

저녁 무렵 집 나와
하늘 앞에 혼자 서 있는 날

소 장터

청도 장날 우시장에는
하루 종일 소 울고

닭장 속에 닭도 따라 울고
개울물도 울고 참새도 울고
미루나무 꼭대기 까마귀도 울고

들 건너 먼 산도 울고
지나가는 바람도 운다

저녁이 안 되어
소 버리고 가는 사람들

막걸리집 사람 소리 사라지고
일찍 소 장터는 텅 비어
어두워진다

아무리

아무리 생각해도
모르겠다

죄 없이
생명이
어떻게 살 수 있는지

남은 땅

쉬지 않고 가도
닿을 수 없는 땅 어디 있을까

가다가 뒤돌아 보면
오던 길 안 보이고

갈수록 더 멀어지고
돌아가면 없는
그런 곳 있을까

가 보고도 모르는 곳
어디 있을까

한 번도 보지 못 한 땅
버려진 땅
가면 살 수밖에 없는 땅

보고도 모르는 남은 땅
어디 없을까

작심

월등히 잘 해서
꼼짝 못 하게 한다

−성악가 김동규

세상에 없는 것 써서
고꾸라지게 한다

−문

나귀

나귀는 몰랐을 것이다
누가 타고 가는지

등에 진 짐이 무엇인지
몰랐을 것이다

나귀는 걸을수록 무거웠지만
고개 숙이고 방울을 흔들며 가고
사람들은 호산나 호산나 외치며
종려잎을 흔들었다

나는 지금도 생각한다 그때
예수는 나귀를 타지 말고
말을 타고 갔으면
사람 사는 세상을 벗어날 수 있었다는 것을

세상 사람이 왜 떠드는지
나귀와 예수는 알고 있었지만

세상을 말없이 지나갔다

나는 지금도 나귀를 보면
긴 속눈썹 속에 남아 있는
그림자를 본다

옛날 말없이 가버린 그림자
바보들의 그림자를

이상한 일

산골짝 외딴 집에 사는 사람이
이상한 일이 일어났다고 했다

누가 왔는지
어떤 것이 왔다 갔는지 암퇘지 혼자
새끼 여섯 마리를 낳았다고 했다

우리 집 식구가 산골짝
외딴 집에 살 때다
밤중에 어디서 왔는지
커다란 셰퍼드 한 마리가
왔다 가는 것을 보았다
산등성이 넘어 이웃 마을에서
찾아온 것 같았다

생각해 보니
나도 산 넘어 시골에서 아내를 데려왔다
아내가 찾아온 것인지 내가 찾아간 것인지는

지금도 알 수 없다

그 아내가 아이 다섯 낳아놓고 어느 날
발자욱도 없이 다시 산 너머로 가버렸다
어디 갔는지 알 수가 없다

나와 아이들만 남았다

천고

점 보는 이웃집 아주머니가
말했다

내 사주에는
천고가 들어 있다고

천고
하늘 고독이다

나는 그때 어렸지만
알 수 있었다

누릴 수 있는 사람만이
누리는 평화

나는 지금도 듣고 있다
거기서 흘러오는
생명의 노래를

물까치

기다려도 안 와
창문 밖 산을 바라보고 있었는데

오늘 2024. 10. 13. (금) 오후 4시
물까치 한 떼
우리 집 실외기에 왔다 갔다

지난해 살다간 자손들인가
옛 어미 살던 곳에
초가삼간 지으려나 기다렸는데

그 물까치 떼 안 오고
길 건너 다른 아파트로 돌아다닌다

찬 바람 불고 낙엽이 지고
가을이 깊었다
창밖 앞산에 첫눈이 내린다

단풍나무 꽃

단풍나무 꽃이 어떤 꽃인지
바람개비 같은 것이 모여 달리면
얼마나 아름다운지 아는 사람 없을 것이다

잣나무 숲이 적막한 가평 산골짝
아픈 아내를 천주교회 안에 들여보내고
텅 빈 운동장에서 바라보던 하늘
그 아래 '아기 예수의 집' 둘레에 핀
단풍나무 꽃
세월이 지났는데도 잊히지 않는다

생각난다
버스 안에서 하던 기도 또 하던 여인들
칼 들고 서 있던 하얀 천사 동상
그 발아래 밟혀 찡그리고 있던 마귀 동상
마대 자루를 들고 산나물 뜯던 사람들
나를 바라보고 있던 뚱뚱한 못난 수녀가 사는 산골짝

7월이면 거기 청단풍 꽃 피었는지 가 보고 싶다

세월

한밤중에
실외기에 비가 온다

뚜닥뚜닥 비 오는 소리
듣고 있으니
투닥투닥 가는 소리도 들린다

얼마나 기다렸던가
듣고 싶었던가

뚜닥뚜닥 오다가
투닥투닥 가는 세월의 소리를

산새

아파트 모퉁이 돌아가면
찾아본다
산새 한 마리

산에서 내려와
무서운 줄 모르고
혼자 놀던 산새

내가 가까이 가 보고 있어도
모르는 산새

되새 같기도 하고
멧새 같기도 하고
솔잣새 같기도 한 새

이곳저곳 기웃거리며
혼자 놀던 산새 보고 싶어도
보이지 않는다

보고 싶다
아파트 모퉁이 풀숲에
혼자 와 놀던 산새 한 마리

착한 여자

아무리 예쁜 여자도
착한 여자만큼
아름다울 수 없다

착한 여자는 화내어도
예쁘고
예쁜 여자는 화낼수록
더럽다

착한 여자
나는 보고만 있어도 행복하다

나

처음도 없고
끝도 없는 것

마지막까지 남아 있어도
없는 것 같은 것

없는 듯 있어
울음소리도 못 내고
말도 못 하는 것

때가 되면 아무 소리 없이
떠나는 것
어디 가는 줄도 모르고 가는 것

세상에 왜 와 있는지
모르고 있다가 가는 것

처음도 없고
끝도 없는 것

고향

오랜만에 고향에 오니
빈 배 타고 혼자 온 것 같다

옛 나루터 근처에 내리니
낯선 사람뿐이다

옛날 다니던 시장터 국밥집
아주머니 너무 늙어 낯설고
내가 지나가도 누구인지 모른다

옛집 옛길 다 없어지고
사방은 아파트뿐이다

고향에 오니 옛 살던 곳 낯설어
다시 빈 배 타고 떠났다

5월 바람

5월이 되니
바람 지나가는 것이 보인다

구름 몰고 가는 것이 보이고
산 아래
개울물 스쳐가는 것이 보인다

5월 바람은 바람이라
아무 곳에나 기웃대며
개똥벌레 눈 속에 잠기고
아기 참새 우는 눈 속에 잠든다
그리고 지난해 못 가고 남은 것들
모두 데리고 산 넘어간다

5월이면 나는 바쁘다
나도 바람 따라
구만 리 하늘길을 가야 하기 때문이다

르누와르

르누와르의 희미한 그림들이
어떻게 명화인지 나는 몰랐다

한밤중 서양의 명화 감상을 보고 알았다
르누와르는 그림을 그리기 전 먼저
그림자를 그렸다는 것을

희미한 집 지붕 위에 희미한 구름
희미한 길을 걷고 있는
희미한 사람들

그는 빛 속에 있는 희미한 그림자를
희미하게 그려
밝은 세상으로 나오게 했다

나는 그가 희미한 것의 아름다움
그 평화를 그려
희미한 것을 존재하게 했다는 것을 알았다

1880년 개울에서 목욕하는 여인의 모습을
잊을 수가 없다
희미하게 그려 볼수록 아름다워지는
여인의 모습

세월이 가도 사라지지 않는 아름다운 여인
그 모습을 그는 그림으로
세상에 남겨 놓았다
글을 쓰는 이 순간에도
나는 그가 그린 여인이 보고 싶다

정처 없이

정처 없이
가는 날 있었으면 좋겠다

살다가
정처 없이 가는 날
있었으면 좋겠다

호롱불

우리 집 앞산의 구름은
해가 산 넘어가야
구름도 산 넘어간다

우리 집 앞산은
앞산이 어두워야 뒷산이 어두워지고
하늘이 어두워진다

나는 알고 있다
하늘에 해가 지고 별이 뜨는 것은
우리 집 때문이라는 것을

나는 지금도
구름이 어두워지면
산이 어두워지고

땅이 어두워지면 호롱불이 켜이던
산골짝 외딴 우리 집이 생각난다

구름

오늘 밤에도
신발 잃어버린 꿈을 꾸었다

신발 가게에 가서도 맞는 신발이 없어
할 수 없이 맨발로
갈 때는 돌 산을 넘고
돌아올 때는 황토 산을 넘어왔다

아득한 어린 시절
나는 걷는 것이 싫어
아버지 등에 업히거나
어깨 목마를 타고 다녔다

그 아버지가 세상을 떠나자
할 수 없이 나는 맨발로 산을 넘고
들을 건넜다

나는 지금도 누가 날 업고 가려나

기다리면서 맨발로 걷는다

신발 없이도 가는 꿈을 꾸며
들을 건너고 산을 넘는다

잠

일요일이라
산도 자고 들도 자고
하늘도 잔다

누가 묻는다
직장도 없는 것이
왜 그리 많이 자느냐고

나는 못 들은 척
코를 곤다

옛날 일 안 하고
잠만 자고 싶을 때가
있었기 때문이다

저승

나는 걱정을 안 한다

저승 문 앞에서
누가 나 못 들어오게 하면
문 앞에서 자버리면 된다는 것을
알고 있기 때문이다

그 집 앞을 떠나면
다시 고생인데
아무리 깨워도 깨지 않고
문 앞에서 코를 골며 잘 것이다

그러면 누가 할 수 없이 와
잠든 나를 데려갈 것이다

넷이러라

고등학교 3학년 때던가

나이 많으신 한문 선생님이
삼국유사에 있는 신라 이야기를
들려주셨다

"밤늦게 노닐다가 집에 오니
가래가 넷이러라
두 해는 내 해이고 두 해는 누해인고"

우리는 그 이야기를 듣고
책상을 치며
교실이 떠나가도록 웃고 떠들었다

신기한 일이라
우리는
정신없이 떠들었다

비

늦봄에 비 와
꽃 다 시들고

떠드는 것
들어 줄 사람 없어
비는 우산 위에서 떠든다

올해는 처음 보았다
산길 위로 흘러가는 황토물

사람

우리나라 사람은
일본 사람과 조금 다르고
중국 사람 몽고 사람과도
조금 다르다

자세히 보지 않으면 모른다
섞어 놓으면 알 수가 없다

우리나라 사람은
월남 사람과는 조금 더 다르고
캄보디아 필리핀 사람과도
조금 더 다르다
섞어 놓아도 알 수가 있다
그러나 아이를 낳아 놓으면
또 잘 모른다

이제 우리나라 사람도
세상 사람과 섞여 살 때가

된 것 같다

개도 다른 종류의 개를 알아보듯
사람도 사람을 알아보기 때문이다
슬프기도 하고 기쁘기도 하다

삽

철물점에 삽을 하나 사러 갔다가
작고 예쁜 삽 하나를 샀다

주인 여자가 삽을 뭣 하러 사느냐 묻기에
내가 아내 무덤에 할미꽃 심으려 한다고 하니
사모님이 꽃을 좋아하셨나 보네요 하고 말했다

내가 말했다 좋아하기는 좋아했지요
1월은 솔이라 모르겠고 2월은 매화
3월은 사쿠라 4월은 흑싸리 5월은 난초
6월은 목단 7월은 모르겠고 하니 여자 주인이
놀라서 쳐다본다

내가 그놈의 꽃 때문에 고생했다고
하니 그제서야 웃는다

아내가 세상 떠날 때 아들이 화투 한 모를
넣었는데 여직원이 그것을 넣으면 바람

난다고 했지만 아들은 넣었다 그때
나는 효자다 말하고 싶었지만 참았다

오후 늦게 꽃을 다 심고 집에 오니 삽을
잊어버리고 와서 이튿날 새벽에 산에
가보니 삽이 차 세워둔 곳에 사람같이
누워 있어 놀랐다

나는 꽃삽이 예뻐 누가 가져가지는 않았는지
밤새 걱정했는데 다행이었다 그때 나는 알았다
아내는 내가 와서 가져가라고
밤새 기다리고 있었다는 것을

아무도 못 가져가게 밤새 지키며
나 오기를 기다리고 있었다는 것을

바람

바람은 산 넘어
사람 없는 산골짝에도 분다

바람은 텅 빈 하늘에서 할 일이 없어
산 넘어 구름을 데려왔다가
다시 구름을 데리고 산 넘어간다

바람은 내게 무엇인가 말하려다
끝내 말 못 하고 가버린다
허무한 것은 사람 사는 곳에 부는 바람이다

나는 6월이면
산속을 지나가다 쉬고 있는 바람을 본다

사람은 저승 가서도 하는 일 없이
떠들지만 바람은 세상 끝 날까지 남아 할 일을 한다

슬픈 소리를 내며 먼지를 날리고
먼지를 데려간다

종교와 예술

종교는 머물지만
예술은 흘러간다

종교는 세월 속에 머물러
썩지만

예술은 흘러가
바다가 된다

나는 내가 고마울 때가 있다
한평생 외로웠지만

종교인이 되지 않고
시 쓰는 예술가가 된 것을

강아지

밤에 잠 안 자고
보아주는 사람 있을 때
잔다고 한다

야식 얻어먹고
돌아다니다
내 곁에 와 누워 자는 강아지

자도 봐 주는 사람 있다고
세상 일 잊고
자는 강아지

풀벌레

울어도
그렇게 울면 안 된다고
지난해같이 그렇게 목놓아 울면
안 된다고 해도 소용없다

가을 풀벌레들
울고 울어도 땅은 말이 없고
하늘에 별만 반짝인다

세상은 우는 세상 아니라고
울려고 세상 온 것 아니라고 해도
우는 풀벌레

울면 안 된다고 해도
우는 풀벌레

가을

새벽녘 산길 지나면서도
듣지 못한
풀벌레 우는소리

마을 툇마루에 앉았으니
들린다
풀벌레 우는소리

나뭇잎 자꾸 저
산에서는 못 울고
마을에 내려와 우는
풀벌레 우는소리

인적 없는
골목길 끝에서도 들린다
풀벌레 우는소리

물고기

물속에 살던 것은
땅에 나오면 죽고

땅에 살던 것은
물속에 들어가면 죽는다

물고기가 눈을 뜨고
나를 보고 묻는다

왜 잡았느냐고

하루

두고 가도
안 남는 것

혹시 거기 있는가 돌아가 보아도
없는 것

어느 날 문득 보이다가
다가가면 없는 것 안 보이는 것

도망가다 보면
먼저 와 있는 것

언젠가는 가도 없고
와도 없는 것

생각해 보니
아무것도 없는 것

참새

참새 얼굴이
어떻게 생겼는지 보려 했지만
보려면 도망가서 알 수가 없다

미국 참새 중국 참새 일본 참새
세상 참새 얼굴 같은지
울고 웃는 모습 같은지
따라가면서 한번 보려 했지만
자꾸 도망가서
알 수가 없었다

보고 싶다
가을걷이 끝나 새로 이은
초가지붕에

낟알 찾느라 몰려다니던
참새 떼들

별

나는 알고 있다
별이 아름답게 빛나는 것은

하늘에서 흘리는 눈물을
땅에서 바라보는 사람이 있기 때문이다

바람 불 때 별들이 더욱
아름다운 것은
바람 불 때 흘리는 눈물이
더욱 아름답다는 것을
별들도 알고 있기 때문이다

나는 알고 있다
별들이 흘린 눈물 안 닦는 것은
별들도 사람같이 아름다움을
오래 간직하고 싶기 때문이다

가을이면 나는 밤중에

밖에 나와 하늘을 바라본다
하늘에 있는 별 다 나와
울고 있기 때문이다

조화

아내 집에는 그늘이 없어
누군가 심어놓은
단풍나무 그늘 아래서 쉰다

아내 집 위에는
누군가 텐트를 쳐놓고 있는 사람이 있었지만
기척이 없어 만나보지 못했다

그 집 문 앞에는 언제나 생화 화분이
놓여 있었지만
모두 시들어 있었다

나는 산에 와 보고도 몰랐다
우리가 가서 사는 산골짝에는
조화로 화안하지만

조화도 때가 되면
시든다는 것을

잠

할 일이 없어 잤으니
할 일 없는 꿈을 꾸고

밤중에 일어나
창밖을 내다본다

왜 깨었는가
캄캄한 밤중에

자다가 왜 깨었는가

떨어져야

떨어져야
소리 나는 것

소리 클수록
말이 없는 것

말하려다
말 안 하고 가는 것

여름에는 비가 되고
겨울에는 눈이 되는 것

골짝마다 숨어 있고
돌 틈에도 풀 그늘에도
숨어 있는 것
떠나서 떨어질 때
소리 내려고
쉬고 있는 것

쉬다가 잠들어
누군가 깨울 때까지
자고 있는 것

모이면 왜 슬픔이 되고
슬픔이 바다가 되는지
알 수가 없다

달맞이꽃

달맞이꽃이
밤에 피는 것은

밤중에도 찾아오는
손님이 있기 때문이다

달맞이꽃이 어둠 속에 숨어 웃고 있는 것은
길 가다 쉬고 싶은
손님이 있기 때문이다

밤에 피는 꽃은 낮에는 없고
낮에 피는 꽃은 밤에
입 오므리고 잔다

나는 아무도 없는 낙동강 강정에
낚시하러 갔다가

해 질 무렵 모래 언덕에

하얗게 피어나는
달맞이꽃 밭을 보았다

모두 멀리 오는 손님
기다리고 있었다

희언

사극 허준을 보고
희언을 하면 손목이 잘린다는 것을
알았다

나는 걱정이 되었다

종교 믿는 사람이
하늘 앞에서 희언을 하면
생명이 없어진다는 것을
알기 때문이다

쓰레기같이
버릴 곳도 없다는 것을
알았기 때문이다

돌

모르겠다
산에 있는 돌들은 왜 죽어 있는지

굴러 내리다 길 잃어
죽어 있는 돌

땅속에 숨어 있지 못하고
나와서 죽어 있는 돌

나는 알고 있다
죽어 있는 것은 언젠가는
다시 하늘로 올라가 별이 된다는 것을

그때까지 내가 남아 있다면
돌들이 하늘에 올라갈 때
나도 따라갈 것이다

땅에는 없지만
하늘에서 반짝이는 별이 될 것이다

장마

한 달 흐리고 비 내리다
소나기 오는 날

들길 걸으며 개울에
지난해 떠난 물고기들 돌아와 있는지
들여다본다

시든 풀속에 흘러가는 황톳물
혹시 산에서 떠내려 온 것 있는가
찾아도 없다

소나기 오는 날 들길 걷다가
집에 오니
아파트 모두가 빈집 같다
실외기에 빗소리만 투닥거린다

우중에 낮 불 켜고
빈 병에 꺾어온 들풀꽃을

꽂는다

남이 살던 집
언젠가는 두고 갈 집에
나 혼자 남은 것이 쓸쓸하다

뒷골목에 가면

뒷골목에 가면 있다
화장 다 지워진
늙은 여인들

외출할 때 아름답던
얼굴 없고
늙고 병든 이웃 여인들

뒷골목에 가면 있다

마귀할멈

아기들이 탄 노오란 미니버스에
아기들이 예뻐 들여다보고 있는데
유리창에 웬 늙은 할머니 얼굴이
곁에 있어 놀랐다

도망갔다

혼자 많이 보라고
그 마귀할멈을 혼자 두고
도망을 갔다

노아의 방주

왜 싸우는지 모르겠다

싸워야 살 수 있는 세상에
남을 것이 무엇인지 바라본다

사람은 싸워야만
하늘이 보이고
하나님이 보이는지 모르겠다

나는 사람들이 버리고 싶은 것을 못 버려
서로 싸우고
버릴 것을 아무 데나 버려 싸운다고
생각할 때가 있다

나는 싸우지 않고도 없어지는 것이 있어
남은 것이 불쌍하게 보일 때도 있다

나는 언젠가는

세상 싸움이 끝나는 날이 있다고 생각한다

바다가 산을 넘어와서
노아의 방주처럼
생명이 떠내려 가는 날이 있다고 생각한다

우리 동네

우리 동네 예수 재림 교회 간판에
아래와 같이 쓰여있다

'하늘의 기쁨을 사람에게로'

나는 생각할수록
잘못 쓰여있는 것 같아 속으로
다시 써 보았다

'사람의 기쁨을 하늘에게로'

잠 안 자고 사는 사람

안 자고 사는 사람도
있다는 것을 알았다

세상 사람 잠들었을 때
잠 안 자고 사는
사람도 있다는 것을

자정 넘어 불 화안하게 켜고 지나가는
빈 버스를 보고 알았다

밤이 되어도
잠 안 자는 사람 있다는 것을

세상 사람 다 잘 때도
잠 안 자는 사람 있다는 것을

산

내 인생도
산을 오르는 것 같다

오르고 또 올라도
끝이 안 보이는 산

그러다 어느 날 보니
내가 산꼭대기 넘어와 있는 것을
알았다

내려다보니
끝이 안 보이는 골짝
어둠 속에 잠겨 있는 산
어둠 속에 비어 있는 산이 있었다

십조의 금법

아직까지
안 잊히는 것이 있다

초등학교 때 선생님한테 들은
고조선의 십조의 금법이다

1. 사람을 죽인 자는 죽인다
2. 도둑질한 것은 두 배로 갚는다
3. 모르겠다

나는 왜 법이 그렇게 많아졌는지
알 수가 없다

나는 왜 지금까지
고조선의 십조의 금법이 잊히지 않는지
모르겠다

두 하늘

나는 두 사람 때문에
기독교인이 되었다

내가 제일 잘 하는 것은
거짓말이라고 한 김수환 추기경님과
대구 칠성동 동성교회 김치대 목사님
때문이다

어느 날 내가 술이 취해 목사님에게
하나님이 정말 있어요 하고 자꾸 물었다
목사님은 내가 우예 아노 하며 도망을 갔다

나는 군 3년 동안 군인 교회에 근무했다
의무병이라 한사코 거절했으나
제대하는 선배가 기어이 나를
군인 교회로 발령을 냈다
내가 학습도 세례도 받지 않았다고 해도
소용없었다 그때 나는 알았다

하늘이 나를 교회에 근무하게 한다는 것을 나는 순응했다

제대 무렵 새 군목님이 와서
성가대와도 잘 안 어울리는 내가 이상한지
동성교회로 전화했는데 김치대 목사님이
학습 세례 다 받은 교인이며
좋은 시 쓰는 사람이라고 거짓말했다는 것을
제대 후에 알았다

나는 지금도 하늘이 시만 쓰는 나에게
두 분을 만나게 한 것을 알고 있다
나는 두 분 때문에 교회에 안 가는
교인이 되었다

두 분 다 혼자 살다 돌아가셨다
나는 두 하늘 때문에
교회 앞을 지날 때 찬송가 소리가 나면
따라 부른다

코스모스

코스모스는
우리나라 꽃이 아니다

옛날 일본 식물학자가
우리나라에 와서 헐벗은 산을 보고
비행기 타고 다니며 씨앗을 뿌려 난 꽃이다
고등학교 때 생물 선생님이 그렇게 알려 주었다

사람들은 예쁜 여자를 꽃과 비유하지만
코스모스는 우리나라 여자 같지 않고
일본 여자를 닮은 꽃이다

여름 끝날 무렵 무궁화와 코스모스는 피지만
무궁화는 나라꽃이라 동네에 심고
코스모스는 이름 없는 산비탈이나
들녘 밭둥귈에 혼자 핀다

코스모스가 할 수 없이 모여 피고 있는 모습은

한없이 아름답다

이제 여름 끝이 되었으니 산과 들에 피어있는
길 잃고 사는 코스모스를
보러 가야겠다

나는

나는 알고 있다

하늘이 대금굴 하나 만드는데
5억 년이 걸렸지만

내 생명 하나 만드는데
억만 년 세월이
흘렀다는 것을

비

새벽비 오는
캄캄한 아침에

물뿌리개 들고 내려가
화단에 물 주고 들여다본다

세상 집 불 다 꺼졌지만
혼자 불 안 끄고 자는 집 있어
그 불빛으로 들여다 본다

밤비에 젖어 있는 푸른 잎들
어둠 속에 숨 쉬며 살아 있는
생명들

수부야

바보 수부야

아아 어어 어어어
어어 아아 어어어어
어어 어아 어아
아아어어 어어어

허공만리

―――

2025년 11월 28일 초판1쇄 발행
지은이 이문길 **펴낸이** 김성민 **기획위원** 장옥관 **편집디자인** 김경자

펴낸곳 도서출판 브로콜리숲 **출판등록** 제2020-000004호
주소 41743 대구광역시 서구 북비산로 65길 36, 2층 **전화** 010-2505-6996 **팩스** 053-581-6997
홈페이지 www.broccoliwood.com **인스타그램** broccoliwood_ **전자우편** gwangin@hanmail.net

ⓒ이문길 2025 ISBN 979-11-94632-22-1 03810
＊이 책 내용의 일부 또는 전부를 재사용하려면 반드시 저작권자와
브로콜리숲 양측의 동의를 받아야합니다.
＊책값은 뒤표지에 표시되어 있습니다.